AF381131

CRITERII SMART

INFORMAȚII CHEIE

- **Nume:** Scopuri SMART, criterii SMART, metoda SMART, obiective SMART, metoda SMARTER

- **Utilizări:**

  - În management și în gestionarea proiectelor, criteriile SMART sunt utilizate pentru a defini obiectivele, precum și indicatorii cheie de performanță (KPI) eficace și pentru a facilita realizarea acestora.

  - În domeniul științelor umane și al dezvoltării personale, acestea sunt utilizate pentru a stabili obiectivele de învățare.

- **De ce are succes?** Principiul este simplu: un obiectiv trebuie să îndeplinească cinci criterii pentru a-și confirma relevanța. Acesta trebuie să fie specific, măsurabil, atribuibil, realist și limitat în timp. Acronimul mnemonic SMART vă permite, de asemenea, să țineți cont de aceste elemente, care vă ajută să stabiliți obiective realiste.

- **Cuvinte cheie:**

  - <u>Indicator cheie de performanță (KPI)</u>: tip de măsură pentru evaluarea eficacității sau eficienței.

  - <u>Obiectiv</u>: rezultatul ideal al implementării unor acțiuni specifice.

CRITERII SMART

Deveniți mai de succes prin stabilirea unor obiective mai bune

50MINUTES.com

CRITERII SMART

Deveniți mai de succes prin stabilirea unor obiective mai bune

scris de Guillaume Steffens
tradus de Alina Dobre

50MINUTES.com

- ○ <u>Managementul proiectelor</u>: organizarea tuturor acţiunilor care au ca scop atingerea unui anumit obiectiv.

INTRODUCERE

În 1954, în cartea sa *"The Practice of Management"*, Peter F. Drucker (consultant în managementul afacerilor, 1909-2005) a definit conceptul de management prin obiective (MBO), care constă în stabilirea de obiective cantitative şi/sau calitative într-un anumit interval de timp. El a precizat, de asemenea, că angajaţii trebuie să fie implicaţi în stabilirea obiectivelor pentru a putea apoi să le măsoare şi să le evalueze performanţa. Fără a utiliza în mod oficial acronimul SMART, Drucker a pus bazele acestui concept.

 ## MANAGEMENTUL AFACERILOR

De-a lungul secolului [XX], mulţi autori au analizat calităţile necesare pentru a fi un bun lider. Acesta a fost cazul lui Kenneth Blanchard (expert american în leadership şi management, născut în 1939) şi Paul Hersey (psiholog american, 1931-2012), care au apărat ideea că o persoană care este capabilă să stabilească obiective şi să îşi adapteze conducerea în consecinţă este un bun lider.

Abia după ce George T. Doran (profesor de management, 1939-2011) a publicat articolul "There's a S.M.A.R.T. Way to Write Management's Goals and Objectives"

(Doran, 1981) a apărut conceptul de obiective SMART. Doran afirmă că nu toate obiectivele trebuie să îndeplinească criteriile SMART și că este mai util să le folosim ca linii directoare.

DEFINIREA MODELULUI

Acronimul SMART se referă la cinci concepte la care trebuie să se facă referire în mod constant atunci când se stabilesc obiectivele, pentru a valida relevanța acestora. În ordine, aceste concepte sunt: specific (S), măsurabil (M), atribuibil (A), realist (R) și limitat în timp (T).

Inițial, acest model a fost utilizat pentru a defini specificul unui obiectiv sau al unui indicator concret într-un cadru managerial sau de management de proiect, ceea ce presupune depășirea ideii abstracte și luarea efectivă a unei măsuri. Simplitatea instrumentului a făcut ca acesta să fie utilizat și în alte domenii, cum ar fi cel al resurselor umane, unde scopul final este încurajarea dezvoltării personale și creșterea eficienței angajaților. Această tehnică poate fi utilizată și la nivel individual (prin stabilirea de obiective personale SMART) sau în cadrul unei echipe (un manager poate stabili obiective pe care grupul trebuie să le atingă împreună).

Deși există mai multe alternative la acest acronim, aici vor fi analizate doar cele mai frecvente variante.

TEORIE

CRITERII SMART

În timp ce putem defini un scop ca fiind rezultatul unei serii de obiective care trebuie îndeplinite, obiectivele în sine pot fi împărțite într-o serie de subobiective. De exemplu, pentru a vedea o creștere a vânzărilor (obiectivul final), managerul își va stabili obiectivul de a câștiga 100 de clienți noi.

În ceea ce privește criteriile, acestea reprezintă elementele necesare pentru evaluarea unui obiectiv, în timp ce indicatorii sunt utilizați pentru a verifica dacă acestea sunt îndeplinite. Astfel, un criteriu de stabilire a termenului de finalizare a unui obiectiv poate fi controlat printr-un indicator de timp, cum ar fi "într-o săptămână".

Atât managerii, cât și angajații pot face referire la criteriile SMART. Primii vor tinde să stabilească obiective pentru echipa de care sunt responsabili, în timp ce cei din urmă vor stabili obiective personale.

Să începem prin a analiza mai detaliat cele cinci elemente care alcătuiesc acronimul SMART, conform lui George T. Doran.

- **Specific.** Obiectivul trebuie să se refere la un element specific. Acest criteriu evită formulările prea largi – și, prin urmare, prea vagi – cum ar fi "creșterea profiturilor companiei"; o opţiune mai bună ar fi ceva de genul "reducerea costului maşinii A", unde beneficiile pot fi cuantificate. În acest exemplu, "creşterea profiturilor companiei" va fi considerat obiectivul final care va fi atins prin reducerea costului unei maşini. Prin definirea precisă a unui obiectiv, acţiunile necesare pentru a-l atinge devin mai clare. Se pot adăuga subobiective (scăderea ratei de rebuturi, a numărului de defecţiuni etc.). Un obiectiv bun este, conform acestui criteriu, definit prin aceste aspecte principale: se aplică unui cadru sau unei locaţii precise şi are, de asemenea, o finanţare specifică.

- **Măsurabil.** Este esenţial să ţineţi cont de acest aspect, care vă permite să măsuraţi rezultatele atunci când stabiliţi obiectivele în afaceri. Pentru a realiza acest lucru, compania trebuie să dispună de mijloace fiabile, în primul rând pentru a accesa datele şi, în al doilea rând, pentru a le interpreta corect. Nu este întotdeauna posibil sau uşor de cuantificat un obiectiv, deoarece unele vor fi mai mult calitative decât cantitative. De exemplu, obiectivul de îmbunătăţire a imaginii întreprinderii va fi dificil de cuantificat. Cu toate acestea, este necesar să se abordeze această componentă. În acest caz, este posibil să se desfăşoare investigaţii şi să se colecteze date numerice (percepţia publică a companiei pe o scară de la 1 la 10) şi apoi să se ajusteze obiectivul.

- **Atribuibil.** Una sau mai multe persoane ar trebui să fie identificate în mod clar ca fiind responsabile pentru îndeplinirea obiectivului. Acestea pot fi colaboratori interni sau externi ai întreprinderii. De asemenea, puteți stabili un obiectiv personal.

- **Realistic.** Acest concept urmărește să diferențieze situația ideală – care este mai dificil de realizat – de obiectivul concret. Obiectivul trebuie să poată fi atins cu mijloacele actuale ale întreprinderii sau cu mijloace noi care ar fi rezonabil de ușor de accesat. La stabilirea obiectivului, trebuie să se țină seama și de legislația în vigoare pentru ca acesta să fie realist. Acest criteriu va avea un impact asupra motivației și implicării angajaților, așa că trebuie să găsească un echilibru între a fi un obiectiv provocator și realizabil. Poate fi util să vă gândiți la un alt obiectiv mai puțin ambițios în cazul unui eșec.

- **Termen limită.** Este important să se stabilească un termen limită atunci când se definește obiectivul. Fără indicatori de timp, obiectivul își poate pierde de fapt caracterul concret și, prin urmare, s-ar putea să nu fie posibil să se verifice dacă a fost sau nu atins.

Cele cinci elemente prezentate aici sunt cele sugerate de George T. Doran. Vom vedea în secțiunea "Extensii și modele conexe" că există mai multe variante.

AVANTAJELE MODELULUI

Deși simplitatea și caracteristica mnemotehnică a acronimului sunt principalele avantaje ale modelului, există și altele:

- În primul rând, modelul promovează obţinerea de rezultate concrete, concentrându-se pe aspectele tangibile şi cuantificabile ale obiectivelor;

- În al doilea rând, poate fi aplicat în diverse domenii şi poate fi folosit chiar şi în viaţa personală a oamenilor;

- În cele din urmă, criteriile SMART fac ca obiectivul să fie complet şi necesită puţine sau deloc detalii suplimentare.

APLICAȚIE PRACTICĂ

Deși metoda SMART pare relativ simplistă, trebuie să vă asigurați că urmați cu atenție pașii atunci când vă stabiliți unul sau mai multe obiective, astfel încât să le atingeți într-un interval de timp stabilit, evitând în același timp numeroasele capcane potențiale.

SFATURI ȘI SFATURI DE TOP

Regula nr. 1 – Un obiectiv trebuie să fie specific

Indiferent de domeniu, reflecția începe de obicei cu primul criteriu: specificitatea obiectivului. Acest lucru servește pentru a le reaminti managerilor că trebuie să fie exacți și să aibă în permanență în vedere toate aspectele obiectivului pe care doresc să îl definească. Atunci când este utilizat în managementul de proiect sau în marketing, prima întrebare care trebuie pusă este: "Care este obiectivul? "Voi atribui obiective diferite fiecărui lucrător sau un obiectiv general șefului de departament?". Dacă un manager dorește să atribuie obiective diferite fiecărui angajat, există o mare probabilitate ca acesta să înceapă prin a stabili un singur obiectiv general, înainte de a-l împărți între diferitele departamente și angajați. De asemenea, poate alege să stabilească un obiectiv general și să le ceară șefilor de departament să atribuie subobiective echipelor lor. În cazul în care acestea sunt stabilite într-o manieră participativă, angajații colaborează direct la definirea obiectivului: ei înșiși fac parte din proiect și își pot oferi opinia. Această abordare asigură o mai mare implicare din partea lor, deoarece sunt implicați încă de la începutul procesului.

Regula nr. 2 – Un obiectiv trebuie să fie măsurabil

În ceea ce privește măsurabilitatea cantitativă sau calitativă a obiectivului, este necesar, în primul rând, nu numai să se definească obiectivul în termeni de cifre, ci și să se încerce să se gândească la modul în care aceste cifre pot fi obținute. Acest lucru nu este întotdeauna ușor de înțeles, deoarece informațiile sunt costisitoare (de exemplu, o cercetare de piață cuprinzătoare) sau dificil de analizat în mod obiectiv (de exemplu, crearea unui produs de calitate).

În cazul în care întreprinderea nu dispune de un departament care să poată consolida aceste date, este important ca în această etapă să se elaboreze o imagine de ansamblu a datelor care să fie ușor de accesat prin intermediul unei rețele interne. O organizație dispune adesea de mai multe resurse decât ar crede persoana care caută informații, chiar dacă acestea sunt împărțite între diferite departamente (contabilitate, marketing, finanțe etc.). Datele colectate la un moment dat ar trebui salvate, deoarece acestea servesc drept punct de referință pentru a compara rezultatele înregistrate după termenul stabilit.

Deși conceptul de evaluare este implicit în model, este totuși important de reținut că acest pas va ajuta considerabil managerul în retrospectivă, atunci când va evalua rezultatele finale ale obiectivului. În unele cazuri, poate fi avantajos să se prevadă diferite scenarii în funcție de limitele care vor fi utilizate pentru a determina dacă obiectivul a fost atins: dacă obiectivul este de a crește vânzările cu 25%, în ce moment managerul este mulțumit sau, dimpotrivă, în ce moment decide să schimbe strategia? Este 25% o limită inferioară dură sau o creștere de 20% ar fi deja considerată un succes fără a pune în discuție strategia? Managerul va reacționa în mod diferit dacă observă o creștere a vânzărilor de 15% sau 20%, în condițiile în care se aștepta la o creștere de 25%. În funcție de aceste scenarii, se pot aplica diferite tipuri de măsuri corective.

Regula nr. 3 – Un obiectiv trebuie să poată fi atribuit

Următorul pas este atribuirea acestui obiectiv unui membru al personalului sau unei persoane sau organizații externe, în funcție de resursele disponibile și de costul externalizării implicate. În practică, este clar că unii manageri preferă să numească o persoană responsabilă înainte de a aborda chestiunile practice legate de evaluarea rezultatelor. În acest fel, un manager poate stabili, împreună cu reprezentantul de vânzări căruia i-a fost încredințată sarcina, numărul de vânzări pe care ar trebui să le realizeze, pe baza celor înregistrate în anul precedent.

Regula nr. 4 – Un obiectiv trebuie să fie limitat în timp

Apoi, este momentul să se stabilească când poate/trebuie să fie îndeplinit obiectivul. Este responsabilitatea managerului să elaboreze o strategie pentru a asigura respectarea termenelor limită. Întrucât este recomandabil să se asigure o anumită flexibilitate în cazul unor circumstanțe neprevăzute, managerul se va strădui să le comunice angajaților săi un calendar mai strâns. Cu toate acestea, acest truc nu trebuie folosit în mod excesiv, deoarece cu cât timpul este mai scurt, cu atât mai mare este presiunea asupra lucrătorilor. De asemenea, poate fi înțelept să se utilizeze diagrama Gantt pentru a planifica subobiectivele, pentru a păstra controlul asupra procesului de realizare a obiectivelor.

 **DIAGRAMA GANTT**

Diagrama Gantt (concepută în 1910 de inginerul și consultantul în management american Henry L. Gantt, 1861-1919) este utilizată în principal ca instrument de gestionare a proiectelor. Acesta oferă o imagine de ansamblu a diferitelor sarcini care urmează să fie efectuate (reprezentate prin bare orizontale) și a posibilelor suprapuneri ale acestora în timp. În prezent, există mai multe tipuri de software, gratuit sau nu, pentru a crea acest tip de diagramă.

Regula nr. 5 – Un obiectiv trebuie să fie realist

În cele din urmă, trebuie să vă asigurați că obiectivul este realizabil. Acest concept este elementul cel mai subiectiv al modelului, iar managerul este cel care trebuie să evalueze obiectivul cu ajutorul instrumentelor disponibile (analiză statistică, studii de piață, sondaje de satisfacție etc.), precum și cu ajutorul propriei intuiții. Pentru a face acest lucru, aceștia vor trebui să utilizeze:

- cifre tangibile pentru a estima situația anticipată

- experiențe anterioare

- previziuni pentru a evalua situația viitoare.

Managerul poate alege să verifice aspectul realist al obiectivului pe baza unora sau a tuturor noțiunilor menționate mai sus. În acest din urmă caz, el va verifica în prealabil dacă persoanele alocate proiectului dispun de mijloace suficiente pentru a atinge obiectivul la timp. Acest criteriu este, în opinia noastră, cel mai dificil de înțeles și va fi, de asemenea, cel mai contestat.

 **ȘTIAȚI CĂ?**

"Intuiția" în management se referă la elementele emoționale și inconștiente care nu sunt întotdeauna justificate de date obiective și care îl ghidează pe manager în luarea deciziilor. Managerul va fi capabil să intuiască dacă noul proiect poate fi realizat sau nu în funcție de experiența sa și de experiența în situații similare.

Deși metoda SMART este utilizată pentru a defini corect obiectivele, aceasta nu trebuie folosită niciodată ca o listă de verificare completă atunci când se stabilește un obiectiv: unele elemente ale acronimului pot lipsi. Astfel, un obiectiv care nu este măsurabil ar fi cu siguranță mai puțin ușor de implementat, dar nu ar fi neapărat inutil.

STUDII DE CAZ

Pentru a ilustra teoria, veți vedea aici două exemple de stabilire a obiectivelor SMART în două domenii diferite: managementul proiectelor și dezvoltarea personală.

Criterii SMART în managementul proiectelor

> *Întreprinderea A investeşte într-un nou utilaj pentru a-şi spori producția de tablete. La 5 ianuarie, managerul îşi formulează obiectivul SMART după cum urmează: "În al doilea trimestru, George Dupond, care se ocupă de proiect, va prezenta o creştere efectivă de 10 000 de unități lunare suplimentare la nivelul producției, datorită noii maşini AX-02."*

- **Putere:** Acest obiectiv îndeplineşte toate criteriile obiectivelor SMART. Managerul poate evalua dacă obiectivul este într-adevăr atins în intervalul de timp ales. În acest exemplu, va fi uşor de comparat producția cu cea din decembrie (presupunând că producția este constantă), de exemplu, şi de verificat creşterea producției în al doilea trimestru.

- **Slăbiciune:** Cadrul temporal este relativ vag. Lucrătorii vor avea tendința de a considera că termenul limită este sfârșitul celui de-al doilea trimestru, în timp ce pentru manager va fi începutul celui de-al doilea trimestru. Pentru a evita confuziile, asigurați-vă că stabiliți un obiectiv cât mai precis posibil.

Pentru a stabili partea măsurabilă a obiectivului, managerul se va baza pe datele anterioare. El poate calcula apoi creșterea procentuală în comparație cu anul precedent, de exemplu. De asemenea, el se va asigura că este posibil să vândă această producție suplimentară prin efectuarea unor studii de piață specifice. El va verifica dacă acest lucru este realist cu ajutorul specificațiilor mașinii și a productivității lucrătorilor.

 ## CAZ SPECIAL: PROIECT CU SUB-OBIECTIVE

În cazul în care întreprinderea A conștientizează că producția de tablete este mai complexă decât se credea anterior, aceasta va specifica două subobiective pentru a atinge cele 10 000 de unități suplimentare.

- **Găsiți noi materii prime pentru a fabrica mai multe produse.** Astfel, managerul de achiziții (atribuit) va fi responsabil, înainte de sfârșitul lunii (cu termen limită), de evaluarea furnizorilor, de contactarea acestora și de semnarea unui contract cu cel care oferă cea mai bună ofertă (specific și măsurabil). Acest obiectiv pare realist, deoarece acest tip de sarcină nu este în afara competențelor managerului de achiziții.

- **Optimizați setările mașinii pentru a reduce la minimum deșeurile. Cel** de-al doilea subobiectiv va fi completat și de către managerul de achiziții (atribuibil), care va găsi cea mai bună combinație de setări diferite (specifice) – de exemplu, dimensiunea și forma matriței și cantitatea de plastic. Având în vedere că producția este programată să înceapă peste o lună și jumătate, toate ajustările trebuie să fie făcute înainte de această dată (limitat în timp). Concret, factorii care fac ca un produs să fie defect vor trebui eliminați cu ajutorul unui software care calculează toate oportunitățile și le determină pe cele mai bune pe baza ratei de defecte (măsurabil). Pentru ca acest obiectiv să fie realist, managerul de achiziții trebuie să obțină rapid softul în cauză și să dobândească cât mai repede cunoștințele tehnice pentru a putea să-l utilizeze în mod eficient.

Criterii SMART pentru stabilirea obiectivelor de învățare

Augustin, un tânăr absolvent de literatură, dorește să se angajeze în crearea de site-uri web, dar nu știe nimic despre programare. El cumpără o carte pentru a-și crea primul site personal în mai puțin de o lună: acesta trebuie să includă un meniu și aproximativ zece capitole. În fiecare dimineață, citește aproximativ 15 pagini din această carte și își finalizează treptat proiectul.

Principala diferență între obiectivele de învățare și alte obiective constă în adaptarea criteriului "atribuibil" în "ambițios" (în cazul unui obiectiv de învățare, se preferă termenul "ambițios", deoarece se presupune că obiectivul este întotdeauna personal). Acest lucru nu înseamnă în niciun caz că obiectivele stabilite în managementul proiectelor sau în marketing nu ar trebui să fie ambițioase. Din nou, dorim să subliniem faptul că metoda SMART ar trebui utilizată ca un instrument de obținere a rezultatelor și nu ca o listă de verificare.

LIMITĂRI ȘI CRITICI ALE MODELULUI

Nu uitați: nu toate obiectivele trebuie să fie neapărat SMART. George T. Doran nu a conceput acronimul pentru a fi o listă de verificare, ci mai degrabă un ajutor pentru formularea obiectivelor în vederea obținerii de rezultate tangibile. Prin urmare:

- Nu este recomandabil să folosiți acest model în general de fiecare dată când doriți să stabiliți un obiectiv. De fapt, metoda SMART nu este întotdeauna adecvată atunci când se stabilesc obiective pe termen lung, deoarece aspectul realist poate frâna orice obiectiv perceput ca fiind prea ambițios.

- Nu toate rezultatele pot fi măsurate în mod obiectiv; de asemenea, întreprinderea nu dispune întotdeauna de competențele sau de resursele financiare necesare pentru a obține și interpreta informațiile. Cu toate acestea, acest lucru nu înseamnă nicidecum că ar trebui să renunțe la stabilirea obiectivelor.

- Adaptarea obiectivului nu este cu adevărat posibilă în cadrul modelului SMART (cu excepția unei variante a lui "A" ca "ajustabil", așa cum se discută mai jos). Cu toate acestea, este uneori important să se ia în considerare potențialele schimbări în mediul în care operează întreprinderea.

Antreprenorul și conferențiarul american Brendon Burchard (fondator al Experts Academy, născut în 1977) susține, de asemenea, că nu toate obiectivele ar trebui să fie SMART și demonstrează acest lucru prin diverse exemple. De exemplu, obiectivul lui Cristofor Columb de a ajunge în India prin Atlantic era departe de a fi SMART. Nu era cu adevărat realist la momentul respectiv, deoarece intervalul de timp era incert. În ceea ce privește aspectul măsurabil, acesta ar putea fi realizat doar în mod binar: obiectivul este atins sau nu. Burchard reamintește că este important să se țină cont de idealuri și propune un alt acronim, DUMB, care este opusul modelului SMART.

El argumentează în special împotriva caracterului realist al obiectivelor SMART, deoarece este probabil cel mai dificil de evaluat. În opinia sa, este necesar să se stabilească un obiectiv provocator, atâta timp cât acesta este fezabil. În cazul în care se preferă varianta "relevantă", este necesar să se ia în considerare prioritățile companiei. Dacă prioritatea pe termen lung este de a reduce costurile, un obiectiv care vizează adăugarea de valoare la produs ar contrazice acest lucru și ar fi irelevant. Prin urmare, relevanța obiectivului este evaluată în funcție de prioritățile pe termen lung ale întreprinderii sau ale individului, în cazul obiectivelor de învățare.

MODELE ŞI EXTENSII CONEXE

Interpretări ale modelului SMART

Datorită popularității sale, modelul SMART are multe variante. Tabelul de mai jos le enumeră pe cele mai frecvente:

Este obişnuit să se întâlnească următoarea combinație: Specific, măsurabil, realizabil, relevant şi limitat în timp. În acest caz, asigurați-vă că utilizați împreună criteriile "realizabil" şi "relevant", cel de-al doilea înlocuind "realist"; un model care conține atât "realizabil", cât şi "realist" ar fi inutil. Criteriul "relevant" oferă o dimensiune suplimentară, dar înlătură conceptul de atribuire a responsabilității pentru proiect.

Prin urmare, recomandăm utilizarea în continuare a acestuia din urmă, deoarece relevanța este inclusă atât în criteriul "specific", cât şi în modelul în ansamblu.

Modelul SMARTER

Modelul SMART are o extensie suplimentară: SMARTER. "E" şi "R" suplimentare se referă la evaluare şi revizuire. Evaluarea retrospectivă este legată de aspectul măsurabil. Deşi este implicită în modelul SMART, în special "M", aceasta trebuie acum identificată în mod clar pentru a putea răspunde la următoarele întrebări:

- Cine este responsabil?

- Cum poate fi realizat?

Revizuirea în sine necesită măsuri de ajustare necesare în urma evaluării. Tabelul de mai jos enumeră cele mai frecvente variante:

Modelul DUMB

Având în vedere popularitatea modelului SMART, Brendon Burchard a dorit să pună la îndoială (oarecum răutăcios) utilizarea și legitimitatea acestuia. El a propus atunci un nou acronim care permite mai multă ambiție și mai puțin realism: criteriile DUMB, al căror câmp semantic este exact opusul criteriilor SMART.

Cele 4 elemente care formează acronimul sunt:

- **Inspirat de vise.** Obiectivele trebuie să fie ghidate de un vis. La fel ca Cristofor Columb, persoanele fizice și întreprinderile ar trebui să își stabilească un ideal pe care doresc să îl atingă. O companie trebuie, de exemplu, să aspire să fie cea mai bună din domeniul său în ceea ce privește calitatea.

- **Ulifting.** În acest caz, formularea obiectivului joacă un rol important, deoarece trebuie să fie motivantă. Burchard ilustrează acest lucru folosind exemplul pierderii în greutate. El spune că obiectivul nu ar trebui să fie exprimat într-un mod negativ, ci mai degrabă ca "să arăt ca un supermodel", care sună mai pozitiv și, prin urmare, este mai inspirat.

- **Metodă prietenoasă.** Trebuie concepută o metodologie clară care să permită persoanei care urmărește obiectivul să se disciplineze pentru a-l atinge. Cu obiective de învățare, puteți veni cu activități zilnice pentru a vă îmbunătăți nivelul în disciplina respectivă.

- **Orientate spre comportament. De** data aceasta, conceptul implică o schimbare de comportament care ar trebui să facă diferența: pentru a-și atinge visele, oamenii nu ar trebui să exercite prea multă presiune asupra lor înșiși, deoarece comportamentul are o influență directă asupra impactului pozitiv al învățării și al performanței.

- Modelul SMART (acronim pentru Specific, Measurable, Assignable, Realistic şi Time-Bound) este un instrument utilizat pentru stabilirea obiectivelor în domeniul managementului de proiect şi al dezvoltării personale.

- Simplitatea sa şi caracteristica mnemotehnică, concepută pentru a fi uşor de reţinut, sunt principalele motive ale succesului său.

- Există mai multe variante ale acestui model. Una dintre cele mai cunoscute este cea a criteriilor SMARTER, care adaugă criteriile de evaluare şi revizuire.

- Aspectul său realist a fost criticat, deoarece lasă puţin loc pentru vise şi ambiţii, ceea ce înseamnă că nu este adecvat pentru obiective pe termen lung.

- Stabilirea unor subobiective poate fi esenţială pentru finalizarea proiectelor complexe.

- Managerul poate alege să:
  - atribuiţi mai întâi obiectivul, înainte de a-l detalia, sau invers;
  - să includă sau nu angajaţii în stabilirea obiectivelor.

- Reţineţi că aceasta este o metodă de obţinere a rezultatelor, nu o listă de verificare. Prin urmare, nu toate criteriile ar trebui să fie întotdeauna luate în considerare.

LECTURI SUPLIMENTARE

BIBLIOGRAFIE

Burchard, B. (2014) Smart Goals Are DUMB. *Viața încărcată.* [Podcast]. [Online]. [Accesat la 31 martie 2015]. Disponibil la: < https://itunes.apple.com/gb/podcast/charged-life-brendon-burchard/id821746377?mt=2>

Doran, G. T. (1981) There's a S.M.A.R.T. Way to Write Management's Goals and Objectives. *Management Review.* 70(11), pp. 35-36.

Drucker, P. F. (1954) *The Practice of Management.* New York: HarperCollins Publishers.

Haughey, D. (2014) O scurtă istorie a obiectivelor SMART. *Proiectul Smart.* [Online]. [Accesat la 31 martie 2015]. Disponibil la: <http://cdn.projectsmart.co.uk/pdf/brief-history-of-smart-goals.pdf>.

Morisson, M. (2010) Istoria obiectivelor SMART. *RapidBI.* [Online]. [Accesat la 31 martie 2015]. Disponibil la: <https://rapidbi.com/history-of-smart-objectives/>

Prunier, Y. (2013) Un obiectiv SMART n'est pas la panacée. *Les Echos.fr.* [Online]. [Accesat la 31 martie 2015]. Disponibil la: < http://archives.lesechos.fr/archives/cercle/2013/04/10/cercle_70057.htm>

Vincent, F. (2013) Créer des objectifs S.M.A.R.T., une formule magique en marketing. *Stratégie marketing PME.* [Online]. [Accesat la 31 martie 2015]. Disponibil la: <http://www.strategiemarketingpme.com/strategies/creer-objectifs-s-m-r-t-formule-magique-en-marketing/>

Yemm, G. (2013) *Essential Guide to Leading Your Team: How to Set Goals, Measure Performance and Reward Talent.* New York: Pearson Education. pp. 37-39.

SURSE SUPLIMENTARE

Dallas, J. (2015) *Obiective inteligente: Tot ceea ce trebuie să ştiţi despre stabilirea obiectivelor S.M.A.R.T.. Visează mare, stabileşte obiective, acţionează.* Ediţii Kindle.

Gudger, J. (2013) *Obiective SMART: The Ultimate Goal Setting Guide (Ghidul suprem de stabilire a obiectivelor).* Ediţii Kindle.

Scott, S. J. (2014) *Goals Made Simple – 10 Steps to Master Your Personal and Career Goals.* Ediţii Kindle.

Vrem să auzim de la tine!
Lasă un comentariu despre biblioteca ta online
şi împărtăşeşte cărţile tale preferate pe reţelele de socializare!

IMPROVE YOUR GENERAL KNOWLEDGE

IN THE BLINK OF AN EYE!

www.50minutes.com

Editorul asigură fiabilitatea informațiilor publicate,
care nu ar putea însă angaja răspunderea sa.

Master ISBN: 9782808600873
Hârtie ISBN: 9782808602327
Depozit legal: D/2022/12603/233

Design digital: Primento,
partenerul digital al editurilor.